INSTITUT GÉNÉRAL PSYCHOLOGIQUE
14, RUE DE CONDÉ, PARIS, VIe

Section des Recherches psychiques et physiologiques

RAPPORT

SUR

LES SÉANCES D'EUSAPIA PALLADINO

A L'INSTITUT GÉNÉRAL PSYCHOLOGIQUE

EN 1905, 1906, 1907 ET 1908

PAR

Jules COURTIER

FIGURES

Novembre 1908

Phot. I

Eusapia Palladino.

PHOT. II

E. P.

PHOT. III

E. P.

Phot. IV
E. P.

Phot. V
E. P.

Phot. VI

Phot. VII

Phot. VIII

Phot. IX

Phot. X

Phot. XI

Phot. XII

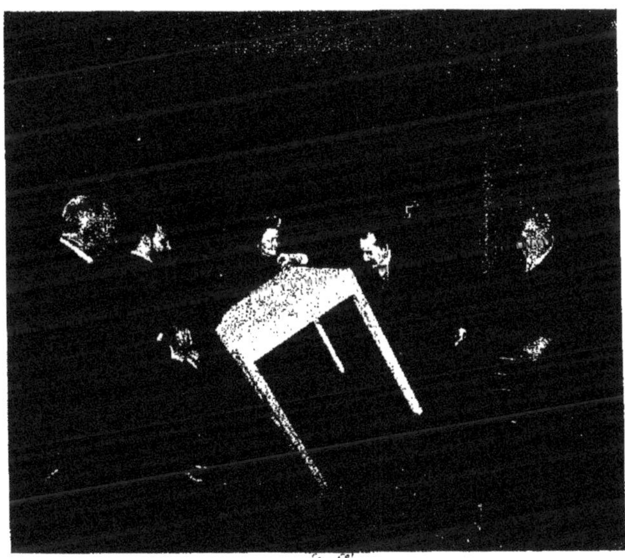

Phot. XIII

PHOT. XIV

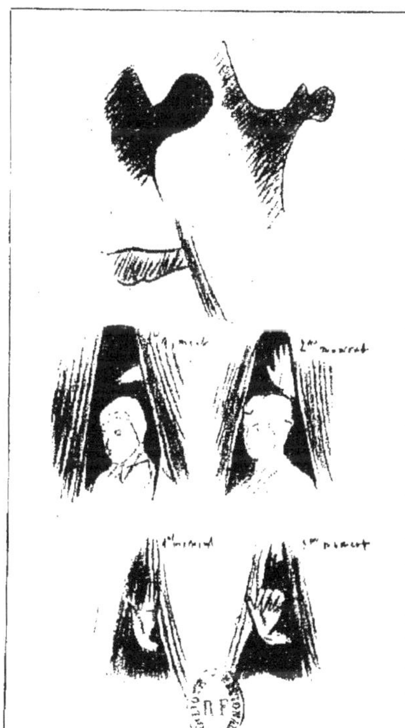

PHOT. XV

Phot. XVI

Phot. XVI

Phot. XVIII

Phot. XIX

PHOT. XX

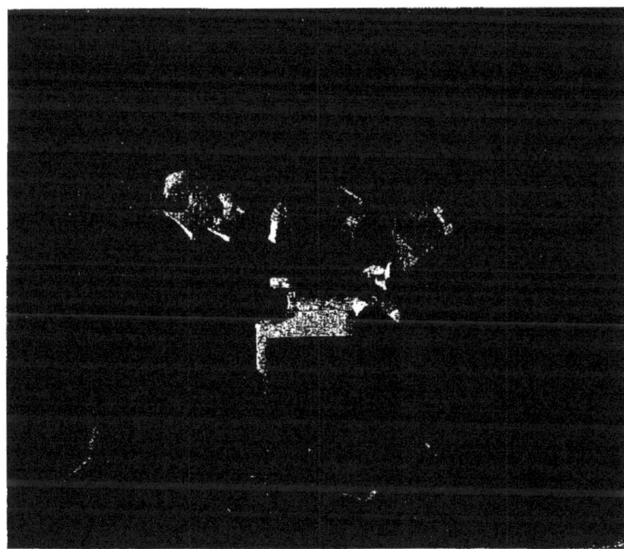

PHOT. XXI

Phot. XXII

Phot. XXIII

Phot. XXIV

Phot. XXV

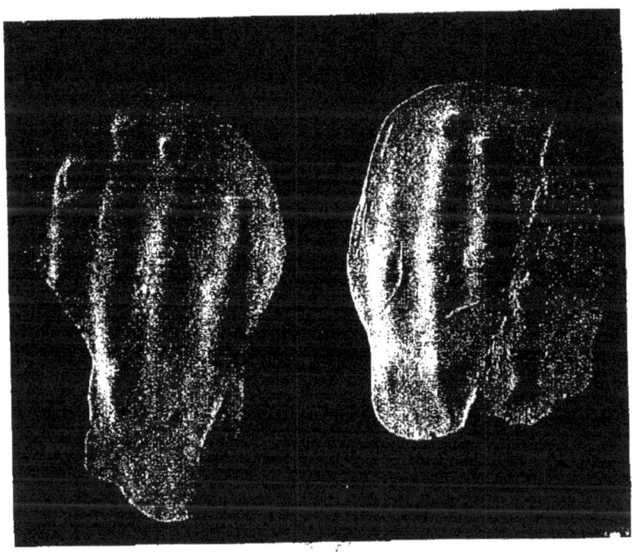

Phot. XXVI

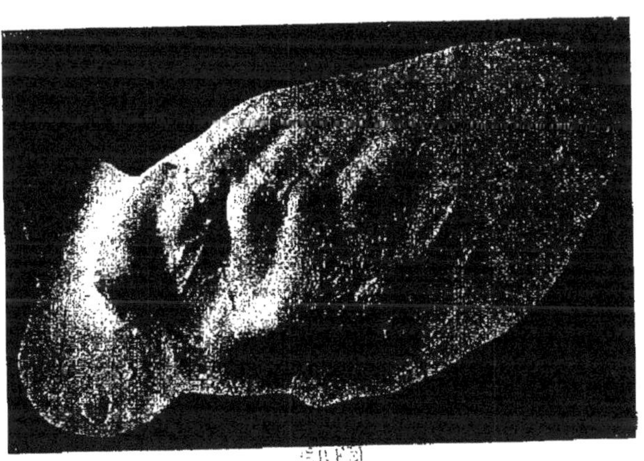

Phot. XXVII

Phot. XXVIII

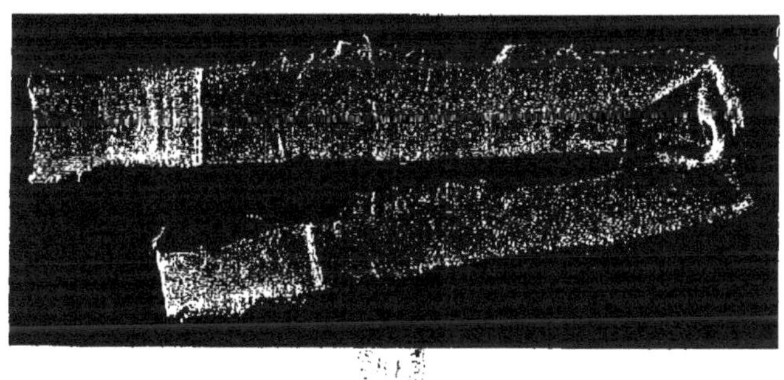

Phot. XXIX

Fig. 1. — Institut Général Psychologique.

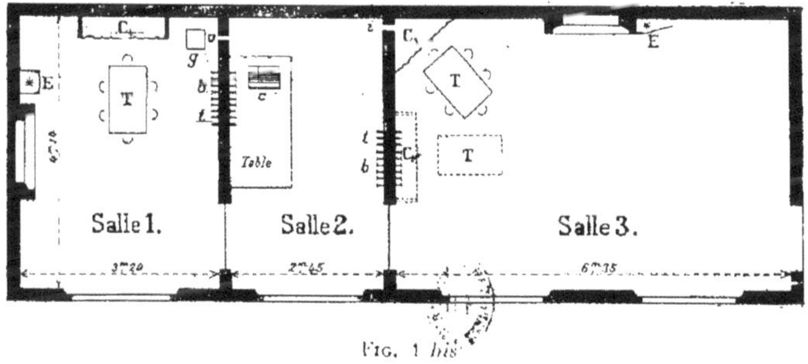

Fig. 1 *bis*

Soulèvements rapides de la table.

Soulèvements lents de la table.

Vérification de la balance de Marey.
M. Y. est assis sur une chaise placée sur la balance.

Soulèvement de la table

Poids posés sur les genoux de M. Y.

Fig. 2.

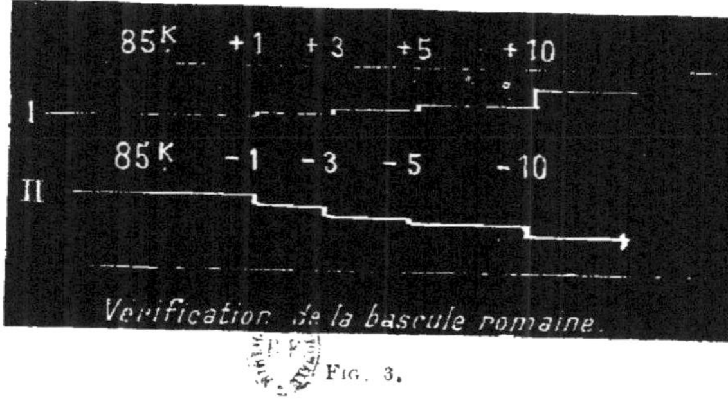

Vérification de la bascule romaine.

Fig. 3.

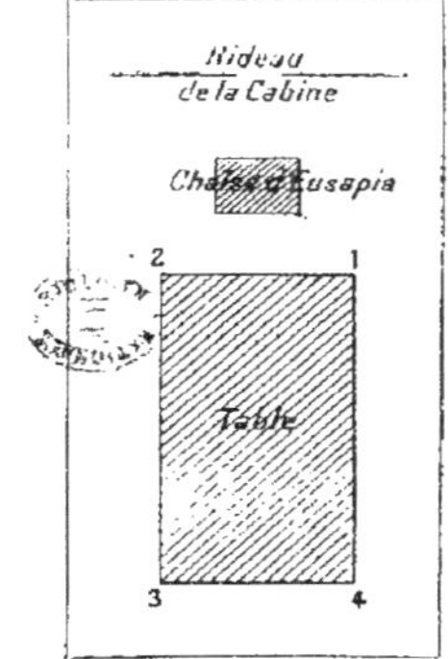

Fig. 4.

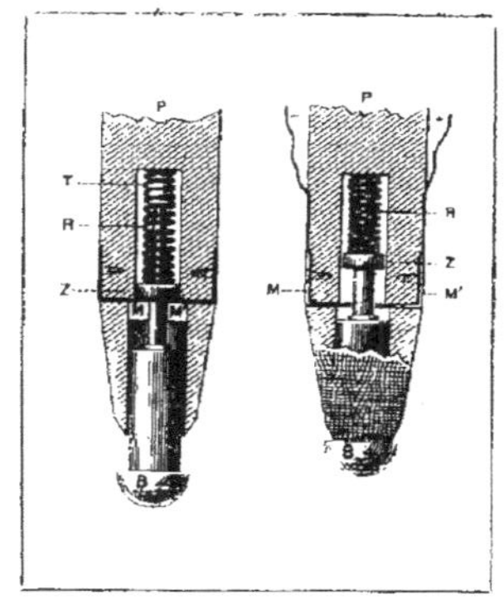

Fig. 5.

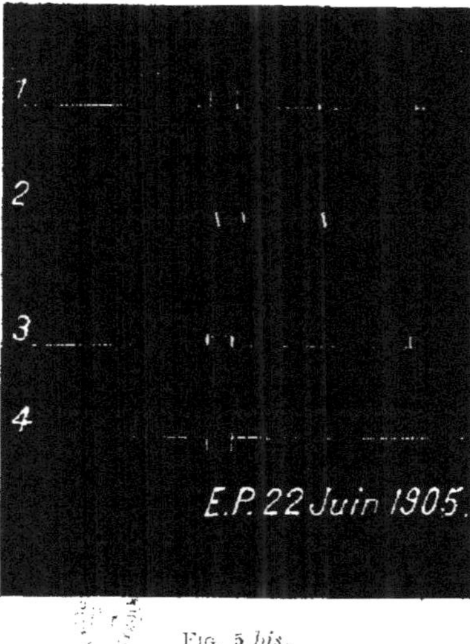

Fig. 5 *bis*.

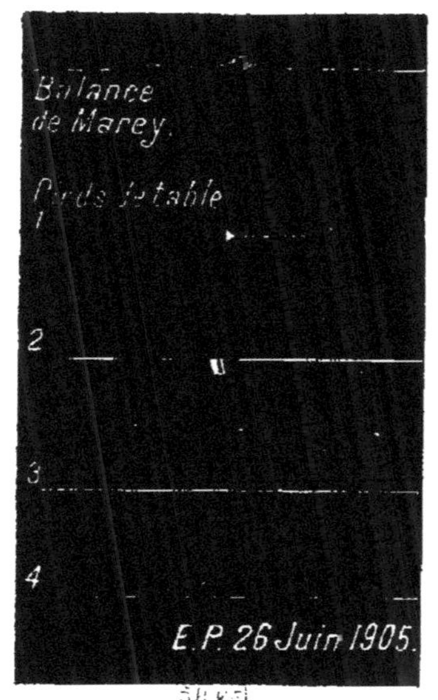

Fig. 6.

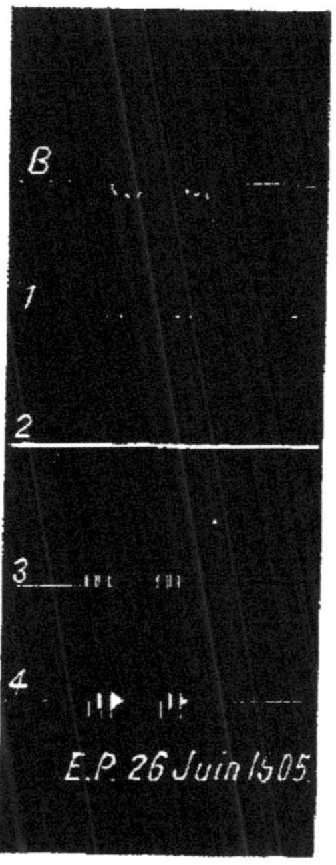

Fig. 7.

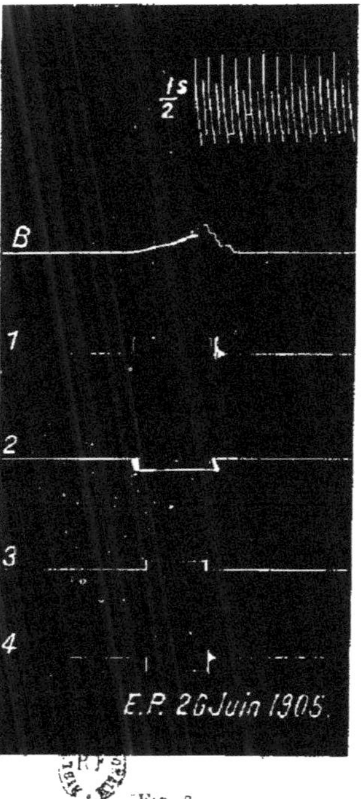

Fig. 8.

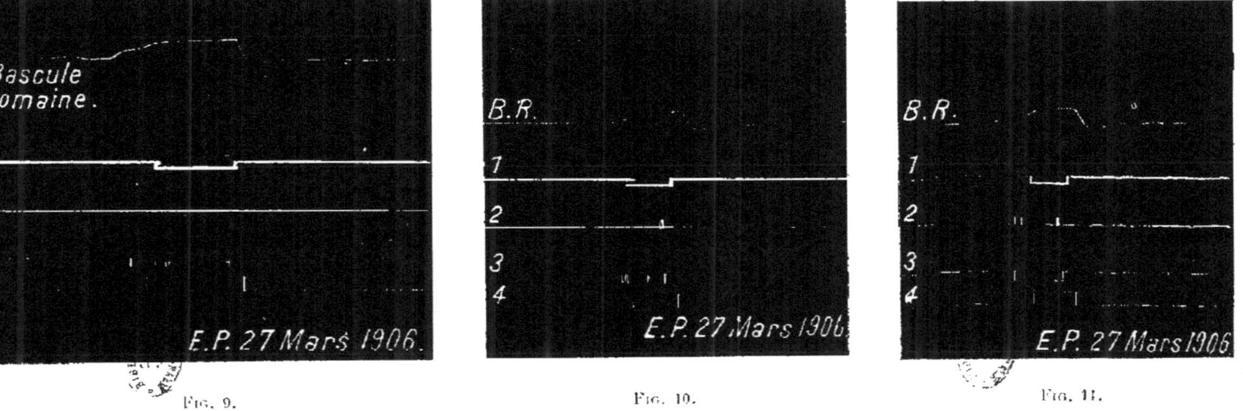

Fig. 9.

Fig. 10.

Fig. 11.

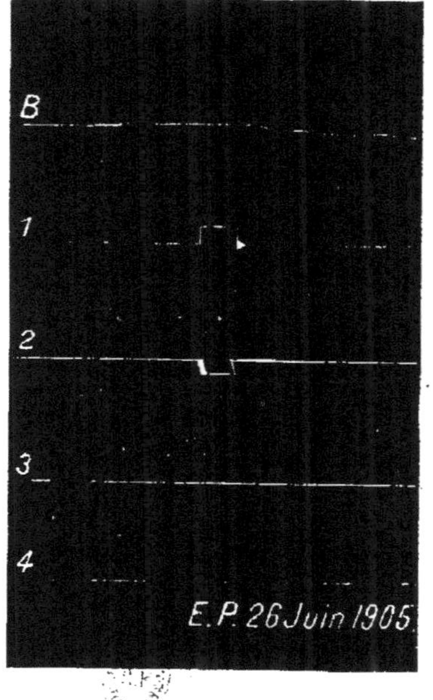

Fig. 12.

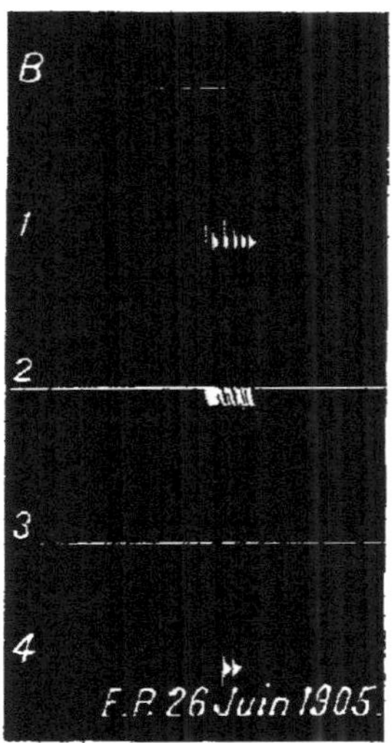

Fig. 13.

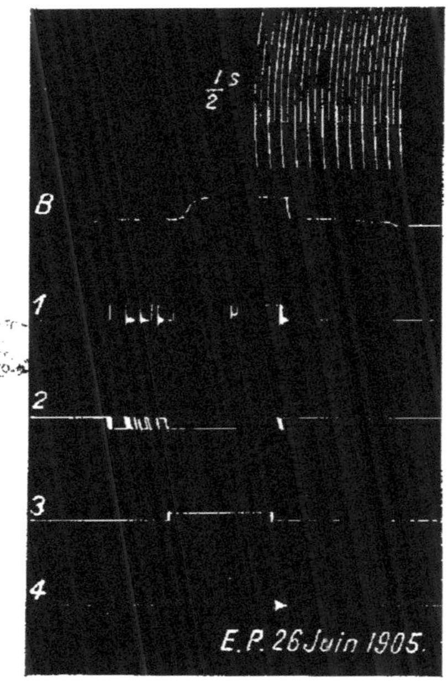

Fig. 14.

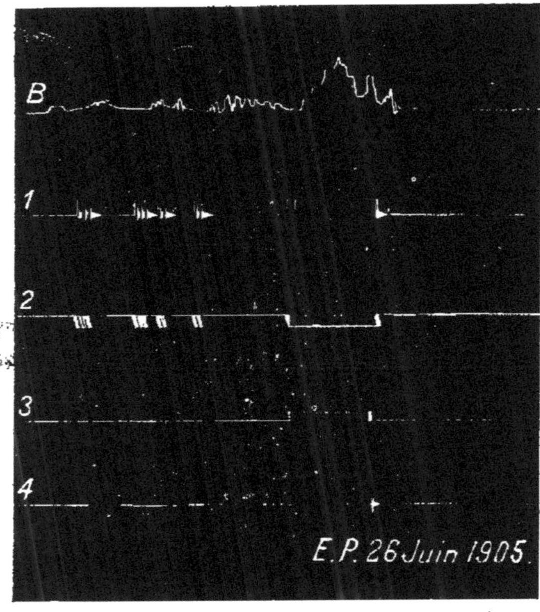

Fig. 15.

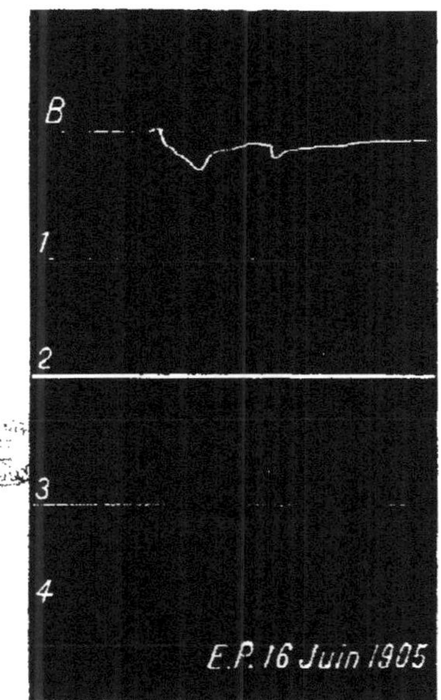

Fig. 16.

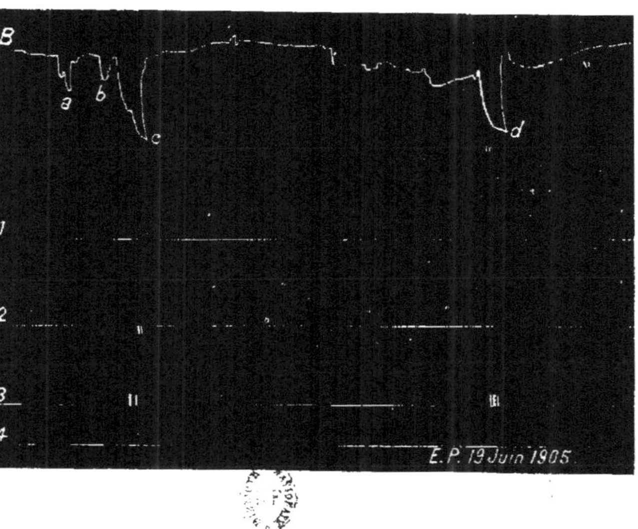

Fig. 17.

FIG. 18

FIG. 19

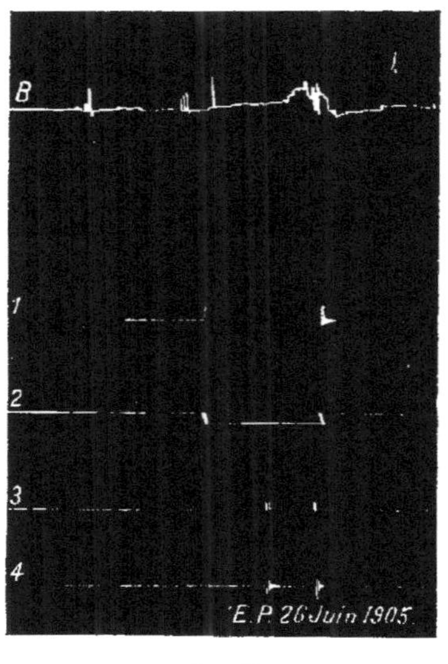

FIG. 20

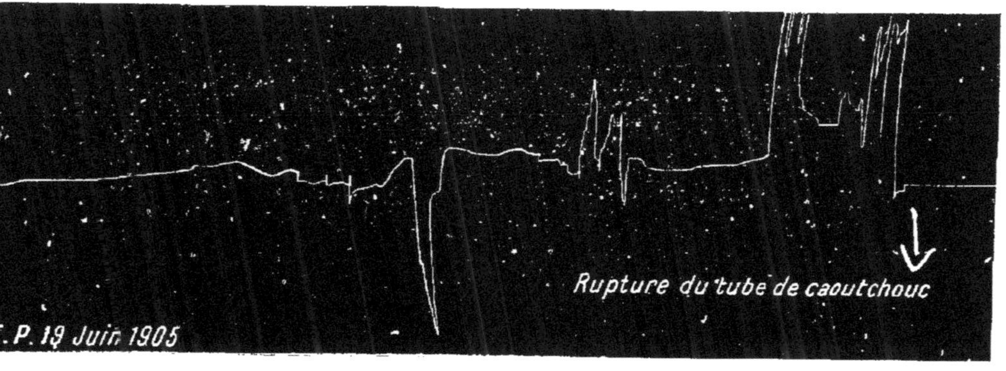

Fig. 21

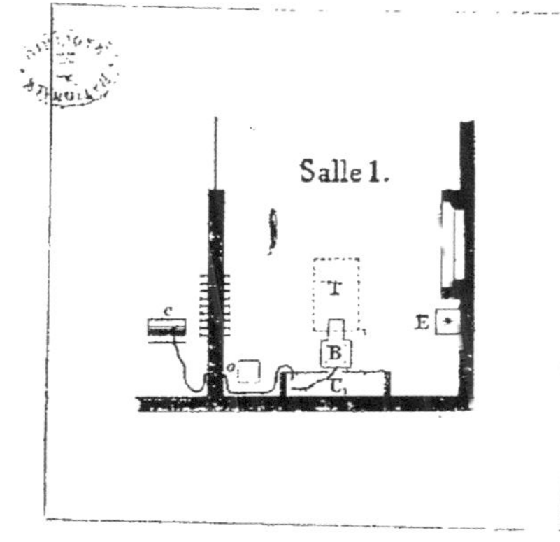

Fig. 21 *bis*

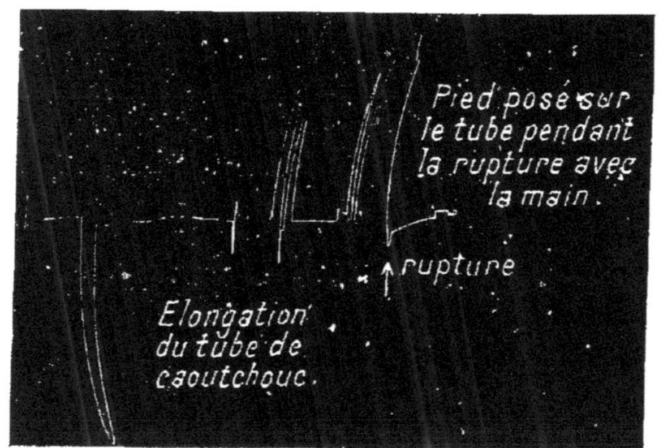

Fig. 22

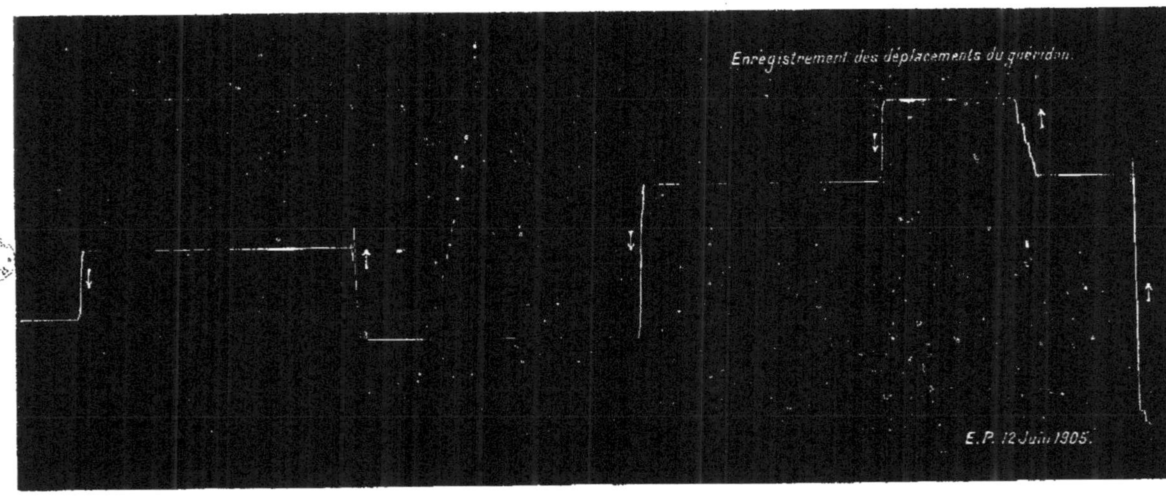
Enregistrement des déplacements du guéridon.
E.P. 12 Juin 1905.

Fig. 23.

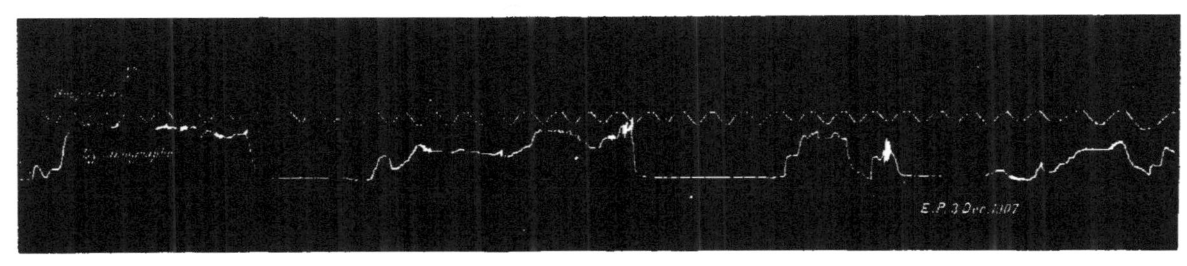

Fig. 24.

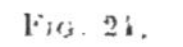

Fig. 25.

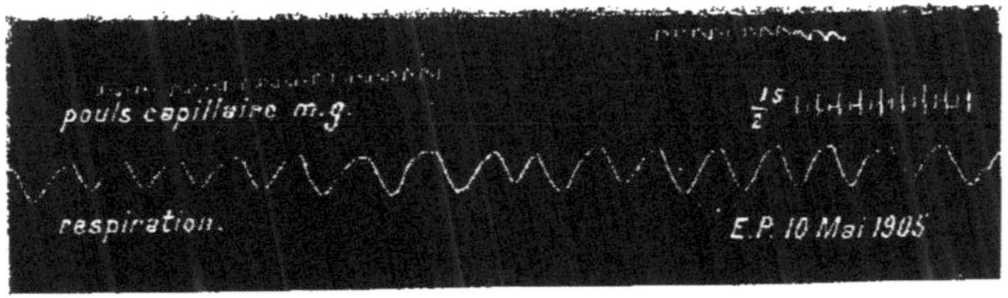

pouls capillaire m.g.

$\frac{1s}{2}$

respiration.

E.P. 10 Mai 1905

Fig. 26.

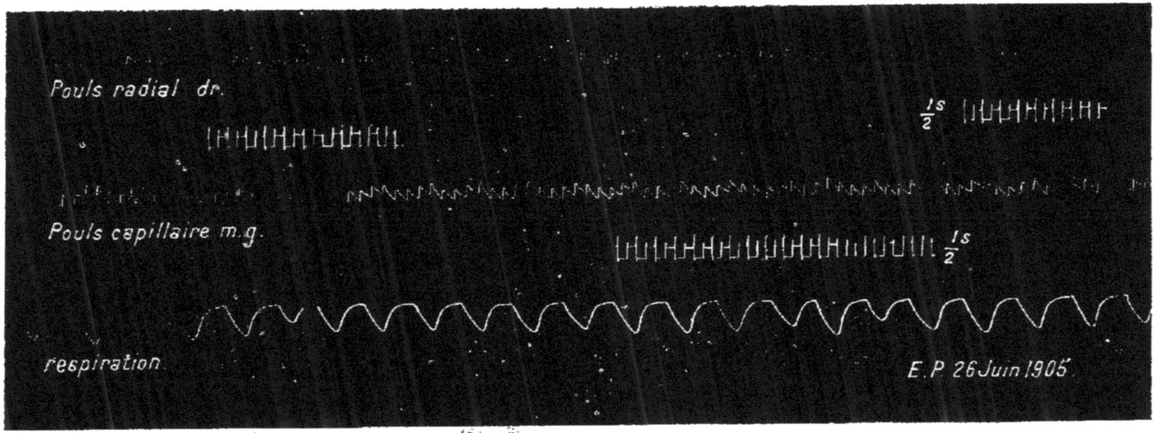

Pouls radial dr.

$\frac{1s}{2}$

Pouls capillaire m.g.

$\frac{1s}{2}$

respiration.

E.P. 26 Juin 1905

Fig. 27.

E. P. Graphique pris à la fin de la Séance du 26 Juin 1905
1s/2
1s/2
Mouvements
changements d'attitude
Pouls capillaire m. g
Respiration
1s/2

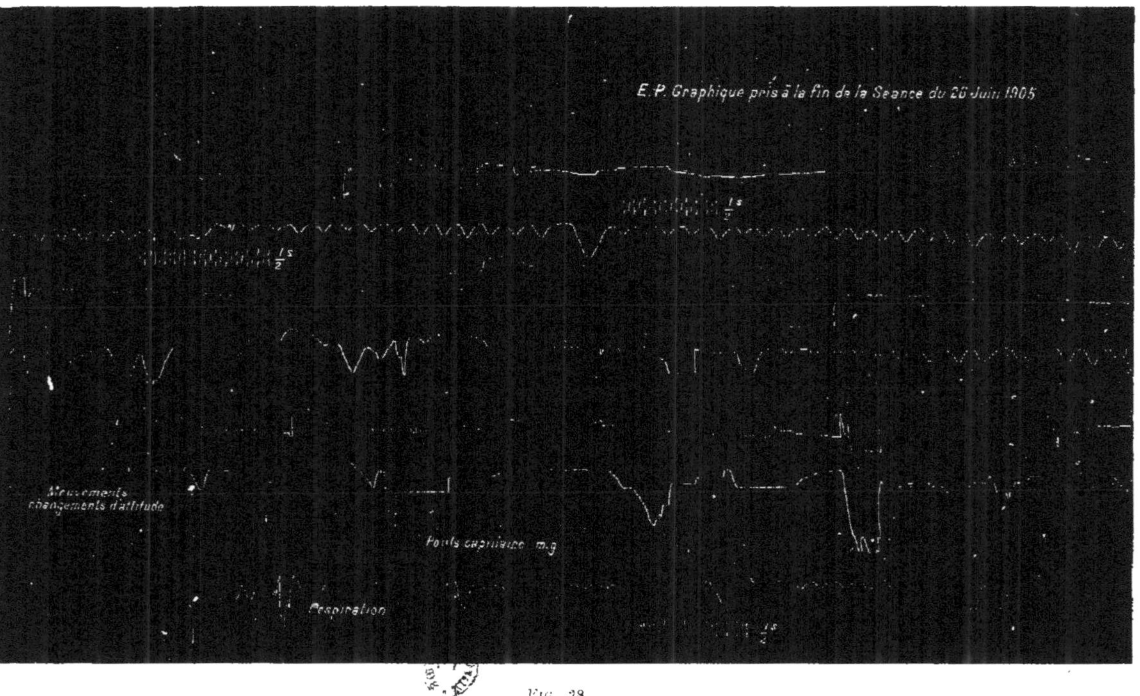

FIG. 28.

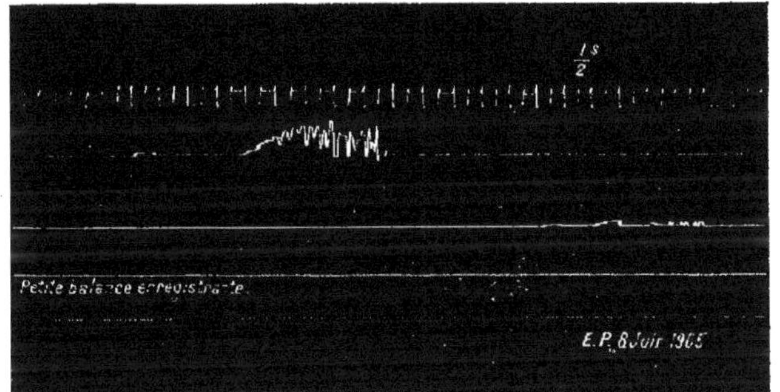

Fig. 29.

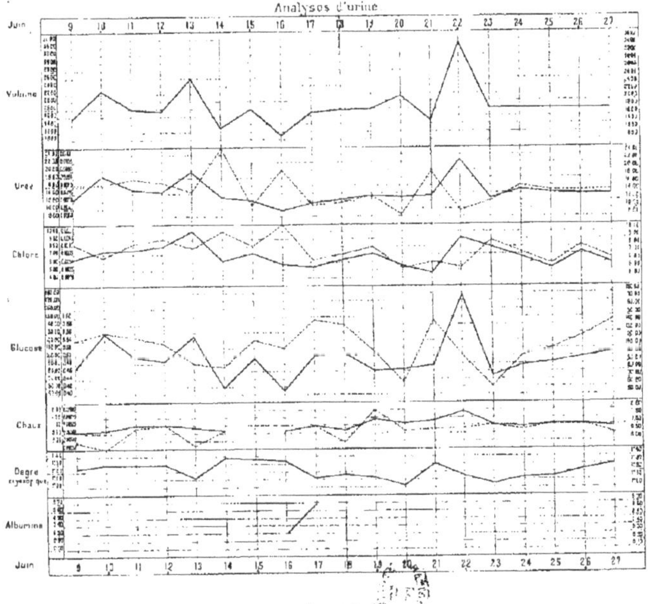

Fig. 30.

Mayenne Imp. Ch. Colin.

MAYENNE, IMP. CH. COLIN.

www.ingramcontent.com/pod-product-compliance
Ingram Content Group UK Ltd.
Pitfield, Milton Keynes, MK11 3LW, UK
UKHW022137190726
13855UKWH00003B/1197

9 782013 071277